東信堂ブックレット③

北欧の学校教育とWell-being

PISAが語る子どもたちの幸せ感

福田誠治

JN068884

東信堂

刊行の辞

歴史の中の私、世界・社会の中の私、地球の上の私とは何か。
自分の立ち位置を常に想像できる人として生きることが、一生の存在
理由であり・目的である。

以下の 12 点を念頭に「**東信堂ブックレット**」の性格を表現している。
 1、人間が普通に生きていける社会をめざす。
 2、平和であることを価値とする。
 3、正義という価値を考える。
 4、多様で平等という価値を考える。
 5、人間の権利を擁護する。
 6、他国を侵害せず、国際協力を考える。
 7、想像・判断の思考を妨げない。
 8、国家・行政は人々を守るためにある。
 9、民主主義を熟議する、争わない。
10、子ども、若者、老人の世代の共生を最大限に生かす。
11、共同、協働、協同の途を探し出す。
12、多才で豊かな力が発揮できるように人を育てる実践を重んじる。

以上の宣言に新しい宣言を付け加えていくブックレット。

（2021 年 7 月）

はじめに

　日本と同じく 2020 年春に全国の学校に向けて休校要請をしたデンマークでは、フレデリクセン首相が、子ども向けにオンラインで会見を開きました。その様子は、3 月 13 日のテレビで「子どものための記者会見」として放送されました。

　「もし私のおばあちゃんが感染したら、死んでしまうんでしょうか？」

　「怖がる必要はないですが、周りの人たち、特にお年寄りは大事にして助け合ってください。」

　「来週の火曜日に (誕生日が近い) 友だち 4 人と、22 人の友だちをよんで屋外で誕生日会をする予定ですが、やってもいいですか？　それともキャンセルするべきですか？」

　「まず始めに誕生日おめでとう。残念ですが、22 人が一斉に集まるのは多すぎるので、誕生日会は延期することを勧めます。」
という具合です。子どもたちもまたそれぞれが市民の一人と考えられています。政治も教育も、人々の今の幸せと、将来の幸せのために行われます。経済成長は政治や教育を支えますが、政治や教育の直接の目的ではありません。

　大統領選挙運動のさなかの 1968 年に、ロバート・ケネディ米国司法長官がカンザス大学において演説しています。

　「あまりにも強くそして長いこと、私たちは、個人の優秀さやコミュニティの価値をものの量でばかり測るようになってしまっていると思ってきた (Too much and for too long, we seemed to have surrendered personal excellence and community values in the mere accumulation of material things）」

と述べていました。その 60 年後、ユニセフは、2007 年の研究報告書に『先進国における子どものウェルビーイング―生活と福祉の総合的評価』という題を付けました。

フランスのサルコジ大統領は、2008 年 2 月に、社会進歩を測るには GDP では限界があるので、もっと妥当な指標を作る委員会を創設しようと乗り出しています。

英国のデービット・キャメロン首相は、2010 年 11 月の演説で、全国幸福度調査では GDP の成長だけでなく生活の質も測りたいと述べています。

このような動きの中で、国際連合の持続可能開発ソリューションネットワークが 2011 年から調査を開始し、調査結果は 2012 年からユネスコ『世界幸福度報告（World Happiness Report）』として毎年刊行されるようになりました。

ユニセフはまた、2013 年には『先進国における子どものウェルビーイング』と『先進国における子どものウェルビーイング―日本との比較　特別編集版』の 2 冊を、また 2016 年には『子どもたちのための公平性―先進諸国における子どもたちのウェルビーイングに関する順位表』も刊行しました。

国際的な経済組織 OECD（経済協力開発機構）が主催する国際生徒調査 PISA（ピザ）は、2015 年の調査から well-being に関して本人の満足度を 10 段階（0 も含めれば 11 段階）でたずねることにしています。PISA2018 の結果は、2019 年 12 月 3 日に世界同時に公表されました。これに関して、各国政府も、リテラシー・テストの国別平均点ランキングだけでなく、各種の分析結果もまじえて見解を述べました。今や、well-being と学校教育との関連性もまた各国政府の大きな関心事になっています。

　調査の結果を一言でいえば、「日本の生徒は、世界一授業をサボっていない。それなのに、切ない」ようです。PISA が測定している 3 つのリテラシーのうち理科については学習内容が具体的で幅広く、社会との関わりを考える点で分析しやすいものです。まず、日本の生徒は理科の得点が極めて高いのです。ところが、理科の授業を詳しく見てみると、生徒が問いを発し、生徒同士が考え合うようなプロセスが日本の教育には少ないのです。日本の生徒たちは、学びが自分の人生を創造していくようには育てられていないということが、国際学力調査 PISA のデータではっきりと示されています。

　コロナウイルスの流行で、世界の多くの国の学校が一斉休講に追い込まれました。学力テストや入学試験への対策に追われていた日本の教育現場は、予想だにしない経験に戸惑っています。

　危険なウイルスと並存する世界を考えてみれば、教師から与えられる知識を学ぶだけの教育、大人の指示を待つような育て方は、もう通用しないだろうと思われます。学校は生徒が幸せになることを学ぶ場所です。「教育は生徒が幸せをつかむように助けること」と大人たちは考え直すべきでしょう。一人ひとりが自分で自分の身を守り、自分で自分の将来を切り拓いていく「イノベイティブでクリエイティブな自律する人間」であると同時に、人間の能力を拡張して AI を使いこなし、「バーチャルな空間と時間」に集う人々とも交流し、それでいて人間らしい感性、感情を持ち続ける人間。そんな姿を、想像してみませんか。

はじめに ……………………………………………………… i

第 1 章　北欧では、子どもたちは Well-beings を
　　　　なぜ感じているのか——それは、自分のためだから——　…… 3

　(1) PISA2018 の測定結果 ……………………………………… 3

　(2) どの学校でも自分らしく学べるフィンランド ……………… 6

　(3) フィンランド政府の見解 …………………………………… 9

　(4) well-being と教育との関係について ……………………… 11

　(5) エストニア政府の見解 ……………………………………… 13

第 2 章　学びは自分のためなのに、日本の若者は切ない… 15

　(1) 人生満足度 …………………………………………………… 15

　(2) 授業をサボると人生満足度はどうなるか ………………… 19

第 3 章　日本の学びを世界と比べると……………………… 23

　(1) 日本の学びは古い …………………………………………… 23

　(2) コンテンツ・ベースからコンセプト・ベースの教育への転換 24

　(3) 学び方が well-being と関わるわけ………………………… 26

　(4) PISA2015 と well-being………………………………………… 28

　(5) 学校における学びが生徒の人生と結び付いているか …… 31

　　① 「理科 (科学) に一般的な価値を見出しているか」について 31

　　② 「理科 (科学) の学習者として自己効力感を感じているか」
　　　について 33

　　③ 「理科 (科学) の学習に必要性を感じているか」について 35

　　④ 「理科 (科学) 学習に対する自分の動機付け」について 36

　　⑤ 「30 歳で自分は理科 (科学) 関係の職業に就いていると予想する
　　　生徒の割合」 39

(5) 理科 (科学) の授業はどう進むか ……………………………… 43

　①「雰囲気指標」 43

　②「理科 (科学) の授業で実験と調査はどう行われているのか」

　　について　43

　③「理科 (科学) の授業で活動的教育が行われているのか」　46

(6) 国際生徒調査 PISA は何を提起しているのか ……………… 49

　①読解力の国別平均点と授業時間との関係　49

　②読解力の経年変化に見る学力観のイノベーション　49

参考文献…………………………………………………… 53

あとがき…………………………………………………… 55

索　引…………………………………………………… 59

北欧の学校教育と Well-being

——PISA が語る子どもたちの幸せ感

第1章　北欧では、子どもたちは Well-beings を なぜ感じているのか

——それは、自分のためだから——

(1) PISA2018 の測定結果

　国際生徒調査 PISA は、OECD の「教育研究イノベーションセンター（CERI）」が開拓し、2000 年から 3 年ごとに実施している学習状況の調査です。一般に「OECD 国際学習到達度調査」と訳されていますが、これは誤訳です。直訳すれば、「国際生徒調査プロジェクト（Project for International Student Assessment）」で、国際会議ではフランス語読みして「ピザ」と発音されています。「学力」と教育環境との関連をとらえて、教育行政を改善する資料提供が目的となっています。

　「学力」に関しては、基礎教育（義務教育相当）を終えて社会に出ようとする 15 歳の若者たちが、「今まで学校で何を学んだか」ではなく、「今まで学んだことを基にこれから何ができるのか」を測ろうとしています。日本人が考える「学力」は、読解力（reading literacy）、数学（mathematic literacy）、理科（science literacy）という 3 つのリテラシーとして測定されています。その他に、生徒と校長にアンケートがあり、家庭環境、生徒の学び方、学校の教え方なども調査されます。とりわけ、何のために学ぶのか、学んだことを今後どう活用していきたいかという、生徒の意欲などもたずねられているのが特徴です。

　また、受験するのは 15 歳といっても、ヨーロッパでは中学 2 〜

3年生です。日本では高校1年生が7月に受験しています。この場合、高校に進学していない者は調査対象になっていません。そのために、リテラシーの得点は実態よりも高い値が出てきます。したがって、調査結果は統計的に処理されているだけで、大雑把なものだと解釈して下さい。

　リテラシー平均点の国別ランキングに注目すると、**図1〜3**のようになります。日本は、読解力では一度盛り返しましたが、再び低下に転じています。2018年の読解力調査から、紙ではなくコンピュータ・テストに変わったためらしいのです。数学と理科では相変わらず上位を維持しています。フィンランドは国際順位を低下させていますが、エストニアが急上昇しています。この変化を見ると、教育大国と見なされていたフィンランドでは、数学については大きな課題があると推測できるでしょう。また、移民の子どもたちの数がこの20年で3％から10％へと急増していることも影響していると思われます。

　PISA2018は、読解力テストの設問が更新され、詳しく測定された年にあたります。**図4**を見ると、エストニアやフィンランドは、設問文から課題解決に必要な情報を探し出し特定する能力が極めて高いことがわかります。日本は、情報を理解する能力が比較的得意です。情報が常に与えられているせいか、生徒が情報を探し出す能力が類似の国々よりは低く出ています。しかし、日本の高校生は「評価し熟考（リフレクション）する」という、読解力テストの最終プロセスが弱いことが特徴です。このプロセスは、与えられた情報以外の、自分が既に学んでいる知識や経験と、理解した新しい情報とを比較しながら、与えられた情報の妥当性を評価・判断し、自己の考えを再整理して表出したり今後に備えていくという能力です。

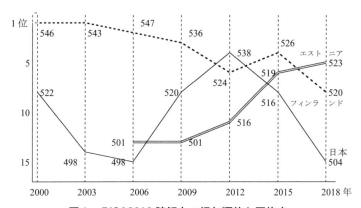

図 1　PISA2018 読解力の経年順位と平均点

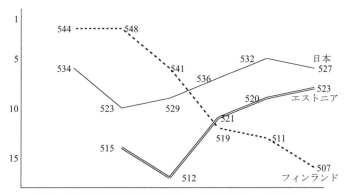

図 2　PISA2018 数学リテラシーの経年順位と平均点

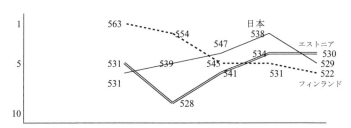

図 3　PISA2018 科学的リテラシーの経年順位と平均点

国立教育政策研究所編『OECD 生徒の学習到達度（PISA）―2018 年調査国際結果の要約―』文部科学省、2019 年 12 月、もしくは、同『生きるための知識と技能⑦』明石書店、2019 年 12 月、表 12-14（26-28 ページ）

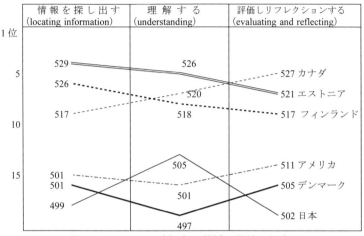

図4　PISA2018 読解力3領域の順位と得点

国立教育政策研究所編『OECD 生徒の学習到達度（PISA）―2018 年調査国際結果の要約―』文部科学省、2019 年 12 月、もしくは、同『生きるための知識と技能⑦』明石書店、2019 年 12 月、表 5（12 ページ）

（2）どの学校でも自分らしく学べるフィンランド

2019 年 12 月 3 日、OECD の公式発表当日に、フィンランド教育文化省は記者会見を開き、これについて見解を述べました。まず、PISA 調査のたびに一貫して述べていることですが、「生徒間格差の広がり」に関して、

　「フィンランドにおける学校間格差は、国際標準によると一定して小さいままだ。フィンランドの学校間の差異は、読解力の差異全体のうち 7％に寄与していた。これは、参加国間では最小の差異であって、これは最初の PISA 調査から変化していない。差異は、他の北欧諸国よりも低く、スウェーデンでは学校間に最大で 18％の差異がある。フィンランドの学校間格差は、増加しているわけではないが、個々の学校における生徒間

の読解力の違いは、フィンランドが PISA 調査に参加して以降、2018 年がより大きくなっていた。」(Ministry of Education and Culture (2019a))

と指摘したことです。

　図 5 は、読解力テストの得点に関して、国別の得点格差を分析したものです。そのうち学校間格差で説明できる部分がグラフの右側に、校内格差で説明できる部分が左側に描いてあります。OECD の計算では、

　　「読解力の成績のうち、OECD 平均の差異の 29％は、学校間格差である。残りは、校内格差である。」

となっています。カナダ、デンマーク、フィンランド、アイルランド、ノルウェー、ポルトガルは、国内の成績格差が OECD 平均より小さかったと OECD 編『PISA2018 の成果』OECD/PISA (2020a) には解説してあります。グラフを見て分かるように、北欧諸国では、学校間格差が小さい国はフィンランド、アイスランドです。スウェーデン、エストニアは比較的大きくなっていて、国によって違いがあります。

　学校間格差が小さいということは、フィンランドではどこの学校でも不利益を被ることなく、自分らしく学習できるようになっているということです。学校内格差が大きいということは、「学力」の異なる多様な個人が一緒に学んでいて、教師は多様な個々人を相手に個性を重視しながら学びを支援しているということになります。子どもも親も、また社会全体が、成績を学校や教師のせいにしないで、勉強の成果は本人の問題と考えているようです。福祉社会と言われる北欧の国々では、「平等 (equality)」という概念は「公正 (equity)」という概念に置き換えられていて、「みんな違って、みんないい」というマインドセットで国民の教養が作られているようです。

　北欧の教育の特徴を教育関係者は、「人口がまばらなので、こう

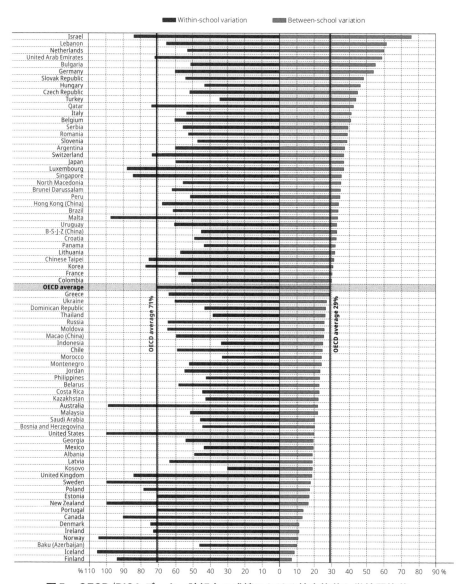

図5　OECD/PISA データ　読解力の成績における校内格差と学校間格差

OECD/PISA. *PISA2018 Results: Where all Students can Succeed. Volume II.* Paris: OECD, 2020, 86.

ならざるを得ない」と説明しています。フィンランドでは、「一人ひとりが自律し、自分らしくあり得て、生活の上で自立していくことが教育の目的である」という教育学は今日もなお揺らいでいないようです。各自が必要なときに必要なことを学べるようになっていれば、学校を成績順に並べる必要は無く、受験競争もまた必要ありません。一人ひとりが自ら考えて「自律」し、生活の上で「自立」していくことが教育の目的となっています。教科の学びのペースや方向はまちまちとなってもよいという探究型、「社会構成主義」と呼ばれる学び、生涯学習の仕掛けが定着しつつあるようです。

（3）フィンランド政府の見解

　国連が 2012 年から出している世界幸福度報告書（World Happiness Report）の影響で、well-being が国際調査の指標になりつつあります。PISA2018 は、PISA2015 に続いて、生活満足度（life satisfaction）を調査しています。このことについて、フィンランド教育文化省は、下記のように見解を述べています。

　「PISA2018 は、生徒の個人的な生活、学校環境、校外環境における物質的次元と態度に関連する次元を含んで、well-being 全般を検討した。物質と客観的な測定要因という観点からみて、フィンランドは、他の北欧諸国やカナダ、オーストラリアに先んじて、世界の最も豊かな国民に仲間入りしている。生徒自身が答える 10 段階満足度調査は、全国的および国際的な様々な調査で使用される、一般的 well-being の良き指標である。平均点が 7.61 となっていて、フィンランド生徒の生活満足度は、かなり高いものである。生活満足度と成績との相関を検討してみると、フィンランドは他の国や他の経済からも際だっていた。たとえ

ば、生活満足度は、成績の高い全てのアジア諸国で低く、生活
満足度が高い国では成績が極めて低かったからだ。」(Ministry of
Education and Culture (2019a))

　同様のことを、翌12月4日に、東京の在日フィンランド大使館
が繰り返して述べています。

「フィンランドは参加国のなかで唯一、読解力と生活満足度の
両方が高い国となった。国連の『世界幸福度ランキング』で2
年連続トップに輝いているフィンランドだが、未来を担う子ど
も世代も幸せな日常生活を送っていることが裏付けられた。」
（在日フィンランド大使館(2019)）

「フィンランドの生徒は生活にかなり満足している」とフィンラ
ンド教育文化省は記者会見で述べたのですが、政府は「学習者の現
在の生活」についてもまた一人ひとりが満足できるように配慮して
いるわけです。

　まず、生活満足度だけを取り出せば、**表1**のようになっています。
アンケートでは、生徒は、パソコン画面のスライダーを1〜10に
動かします。動かさなかった者は、0と判断されます。9または10
と答えた生徒は、表1で「十分に満足」となっています。

　日本の国立教育政策研究所は、「生活満足度の平均値が小さい10
か国の中に、日本を含む東アジアの6か国が含まれている」と指摘
しています。また、PISA2015と比較して、「生活満足度の平均値が
2018年に統計的に有意に大きくなっている唯一の国は韓国」とも分
析しています。大きく低下している国を見ますと、英国が0.81、日
本は0.62、米国は0.60という具合に低下しています。世界中の若者
は、最近、生活に不満を持ちつつあるということです。

表 1　生活満足度の高い国と低い国における PISA2015 と PISA2018 の比較

（　）内は、国際順位

国名	生活満足度の平均値		十分に満足の割合	
	PISA2015	PISA2018	PISA2015	PISA2018
カザフスタン		8.8		(1)　71.0
アルバニア		8.6		(2)　68.1
コソボ		8.3		(3)　63.4
ドミニカ共和国	8.5	8.1	(1)　67.8	(4)　62.2
サウジアラビア		7.9		(5)　58.6
北マケドニア		8.2		(6)　56.6
メキシコ	8.3	8.1	(2)　58.5	(7)　55.9
パナマ		7.9		(8)　54.4
モンテネグロ	7.8	7.7	(5)　50.1	(9)　53.4
コスタリカ	8.2	8.0	(3)　58.4	(10)　52.9
......				
OECD 平均	7.3	7.0	34.1	33.1
......				
韓国	6.4	6.5	(44)　18.6	(61)　26.1
マルタ		6.6		(62)　25.1
北京・上海・江蘇・浙江	6.8	6.6	(39)　26.9	(63)　25.0
台湾	6.6	6.5	(45)　18.5	(64)　21.0
トルコ	6.1	5.6	(40)　26.2	(65)　20.8
英国	7.0	6.2	(38)　28.3	(66)　20.2
日本	6.8	6.2	(43)　23.8	(67)　19.8
香港	6.5	6.3	(47)　13.9	(68)　13.9
ブルネイ		5.8		(69)　12.9
マカオ	6.6	6.1	(46)　16.5	(70)　12.6

国立教育政策研究所編『PISA 2015 年調査国際結果報告書―生徒の well-being』2017 年、13 ページ。
国立教育政策研究所編『生きるための知識と技能⑦』明石書店、2019 年、231 ページ。

（4）well-being と教育との関係について

　それでは、生活満足度と読解力テストの平均点をクロスさせてみましょう。縦軸を生活満足度、横軸を読解力の得点とすると、**図 6**のように描けます。フィンランドは生活満足度も成績も高いという

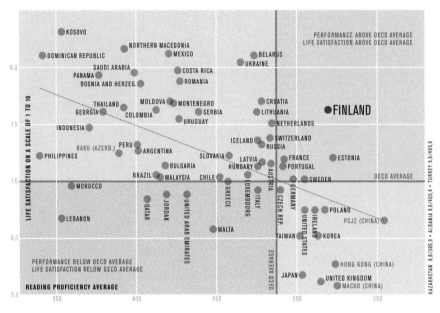

図6　各国の生活満足度と読解力得点との関係（PISA2018）

フィンランド教育・文化省作成　Ministry of Education and Culture. *PISA 18: First Results: Finland among Top Performers*. minedu.fi, 2019,6.

　不思議な国です。生活満足度と読解力テストの平均点という二つの要因の相関係数は、図中の点線のようにマイナスの相関となっていることがわかります。若者たちの成績を高めていくと、彼らの生活満足度は低くなるというように、今日の世界はできているようです。大人たちがそのような世界を作っているということです。相関グラフの右下先端に、中国の都市部（PSJZ: 北京・上海・江蘇・浙江）が位置するということもこの図から見えてきます。

　この相関図のオリジナルは、OECD が作成しているのですが、フィンランドは国の教育政策の成果としてこの特徴を強調してアピールしているわけです。このようなアピールをするには、国と社会とが

それなりの努力をしてきたと評価すべきことだと思います。

(5) エストニア政府の見解

2019 年 12 月 3 日には、エストニア教育研究省もまた、「PISA は、未来のために必要なスキルを測っている」と声明を発しています。

　「PISA 調査の領域は、生徒の未来における学修と実績に基本的な役割を果たしていると、エストニア PISA コーディネーターで Innove (研究とイノベーション観測) 財団の専門家であるグンダ・ティレ (Gunda Tire) 氏は述べている。『PISA は各国に、自国の教育制度に関するフィードバックを提供している。スキルと知識に加えて、PISA は生徒の well-being もまた見ている』とティレは述べている。

　エストニア生徒の大多数 (77％) が、自分たちは自分の知性を改善できること、あるいはまた、よりよい未来を確実にするために自分自身を発達させようと進んで努力することを信じる成長マインドセット (growth mindset) を示している。これは、OECD 加盟国の中でも最も高い。70％の生徒は、最高の教育を遂げようと計画している。この生徒たちの描くもっとも人気のある職は、ICT スペシャリスト、医者、最高経営責任者、建築家、心理学者などである (ICT specialist, doctor, CEO, architect and psychologist)。

　エストニアのこの 70％の生徒たちは、平均的に見ると、自分の生活に満足しており、これは OECD の平均以上だ。PISA2018 は、初めて、生徒たちが自分の生活をどう感じているかを研究した。この結果、89％の生徒はいつもあるいはたいていは幸福で楽しいと感じているが、53％は悩みがあり、51％は悲しいと思っている。」(Republic of Estonia (2019))

　成長マインドセットとは、米国の心理学者キャロル・ドゥエック（Carol Dweck）が提唱している理論です。（ドゥエック（2016）、Dweck（2006））エストニア政府が米国の改革的な流れをいち早く取り入れて実行している点には、驚かざるを得ません。

　学歴社会で勝ち残れるようにテストの得点を高めるというのも、ある種の「成長マインドセット」と言えないこともないでしょう。しかし、エストニア人たちが身をもって体験しているのは、自分の人生を自分で作り出すように能力を発達させることが成長であるととらえていることと、努力すれば今までなかった世界が自分たちの力で切り開けるという未知の世界に向けた準備になっていることです。自分が自分の人生に向けて努力しているという実感こそ、well-being の土台となっているということです。

第2章　学びは自分のためなのに、日本の若者は切ない

(1) 人生満足度

　PISA2018 の生徒アンケートのなかには、人生への意義をどのように感じているのかを問うものが入れられています。

> **問48**　次のようなことは、あなたの人生にどのくらいあてはまりますか。
> (A) 自分の人生には、明確な意義や目的がある。
> (B) 自分の人生に、満足いく意義を見つけた。
> (C) 自分の人生に意義を与えるものは何か、はっきりと分かっている。

『生きるための知識と技能⑦』明石書店、2019 年、278 ページ

　という質問が作成されていて、生徒は、「まったくその通りでない」「その通りでない」「その通りだ」「まったくその通り」の4段階で答えます。

　表2の数字は、「その通りだ」「まったくその通り」と答えた生徒の割合です。最上位にあるパナマは、その値が問いの順に 86、82、85％となっています。日本の割合は調査国内で最下位となっていて、それぞれ 56、41、40％です。OECD が設定した「人生意義指数 (Index of meaning in life)」は -0.4 です。平均よりかなり低いという数値です。考え方はいろいろあるでしょうが、「人生における意義を見つけて

表2　生徒が抱く人生における意義の感覚

Figure III.11.9 **Students' sense of meaning in life**

Based on students' reports

A　My life has clear meaning or purpose
B　I have discovered a satisfactory meaning in life
C　I have a clear sense of what gives meaning to my life

Country	Percentage of students who agreed or strongly agreed with the following:			Country	Percentage of students who agreed or strongly agreed with the following:		
	A	B	C		A	B	C
Panama	86	82	85	France	72	69	65
Albania	90	80	86	Spain	70	66	68
Indonesia	93	90	89	Georgia	78	61	75
North Macedonia	85	81	86	Korea	67	65	68
Dominican Republic	85	79	82	Portugal	70	68	71
Peru	87	83	84	Luxembourg	69	66	67
Mexico	86	81	83	B-S-J-Z (China)	77	57	71
Colombia	88	80	83	Brazil	76	67	65
Kosovo	89	80	87	Brunei Darussalam	76	67	76
Costa Rica	85	75	79	Uruguay	69	65	70
Baku (Azerbaijan)	84	76	82	Argentina	71	58	72
Kazakhstan	88	77	84	Finland	66	70	71
Philippines	84	83	85	Bulgaria	76	60	67
Jordan	82	73	82	Greece	63	66	68
Thailand	86	83	89	Slovenia	68	65	67
Morocco	84	74	82	OECD average	68	62	66
Belarus	88	83	81	Ukraine	76	53	68
United Arab Emirates	80	74	78	Belgium (Flemish)	71	65	68
Saudi Arabia	85	65	86	Denmark	62	63	68
Viet Nam	88	80	90	Hong Kong (China)	69	64	67
Montenegro	81	73	76	Slovak Republic	66	59	66
Moldova	85	74	81	Malta	66	63	67
Bosnia and Herzegovina	82	77	81	Estonia	67	61	64
Qatar	76	72	77	Poland	66	56	66
Romania	79	74	74	Latvia	64	61	65
Lebanon	72	68	77	Iceland	65	54	60
Switzerland	73	71	71	Australia	62	59	64
Chile	75	67	70	Italy	67	56	62
Croatia	77	68	71	Sweden	60	57	63
Serbia	76	68	73	Hungary	74	50	48
Austria	69	65	70	Netherlands	63	53	64
Turkey	81	64	66	Ireland	60	53	60
United States	71	65	69	Czech Republic	59	52	57
Lithuania	72	63	71	Macao (China)	60	48	56
Russia	73	68	73	United Kingdom	57	52	58
Germany	68	65	68	Chinese Taipei	64	43	52
Malaysia	85	60	76	Japan	56	41	40

-0.5 -0.3 -0.1 0.1 0.3 0.5 0.7
Index of meaning in life

-0.5 -0.3 -0.1 0.1 0.3 0.5 0.7
Index of meaning in life

OECD/PISA. *PISA2018 Results: What School Life Means for Students' Lives. Volume III.* Paris: OECD, 2020, 166.

いる」と答えた日本の生徒は、世界各国と比較すると極めて少ない
ということです。半数以上の若者が、人生への意義を考える機会を
与えられていないというのは問題があるのではないでしょうか。

　図 7 は、人生満足度と問 48 の (1)「自分の人生には、明確な意義
や目的がある」とをクロスさせて分析した図です。それぞれの国で、
人生満足度を「不満（尺度 0 〜 4）」→「幾分満足している（5 〜 6）」→「ま
あ満足している（7 〜 8）」→「とても満足している（9 〜 10）」の矢印で
図示したものです。

　人生満足度は、個人の主観ですが、国連調査と同じく 10 段階で
答えます。PISA2015 と PISA2018 では、調査対象者から聞き取るこ
とにしました。他の指標とクロスさせると、図 7 のように面白いこ
とが分析できます。

　日本の若者たちは、人生に不満を感じている者の 43％が「自分の
人生には、明確な意義や目的がある」と答えていて、とても満足し
ている者の 70％がそう答えています。人生満足度の高い者は、人
生への意義もより多く感じていることは当然だとしましょう。問題
は、半分近くの日本の若者が、自分の人生に満足をしておらず、し
かも人生への意義も目的も見つけ出していないということでしょう。
10 段階のうち 9 とか 10 を付けている者でさえ、そのうち 3 割が人
生の意義や目的を感じていないのです。自分の人生を見いだせてい
ないがとても満足しているというのはどういうことでしょうか。

　最上位のインドネシアでは、87 〜 95 の範囲に収まっていて、自
分の人生に不満を感じている者も感じていない者でも、ほとんどの
若者が「自分の人生には、明確な意義や目的がある」と答えていま
す。この差は、一体何を表しているのでしょうか。世界全体で見れ
ば、日本の若者はこじんまりとまとまっていて、人生への意義や目
的を感じている者の割合は、世界の調査国中最下位です。このこと

18

Figure III.11.11 **Students' life satisfaction and sense of meaning in life**

Percentage of students who agreed or strongly that "My life has clear meaning or purpose", by students' satisfaction with life

━ Not satisfied (0 to 4 on the life-satisfaction scale)　　◆ Moderately satisfied (7-8 on the life-satisfaction scale)
■ Somewhat satisfied (5-6 on the life-satisfaction scale)　▶ Very satisfied (9-10 on the life-satisfaction scale)

Indonesia	(7)		Indonesia
Malaysia	(25)		Malaysia
Peru	(23)		Peru
Belarus	(35)		Belarus
Albania	(21)		Albania
Kosovo	(21)		Kosovo
Panama	(26)		Panama
Viet Nam	(23)		Viet Nam
Moldova	(19)		Moldova
Colombia	(21)		Colombia
Mexico	(30)		Mexico
Thailand	(27)		Thailand
Kazakhstan	(34)		Kazakhstan
Costa Rica	(31)		Costa Rica
Jordan	(30)		Jordan
Morocco	(21)		Morocco
Croatia	(53)		Croatia
Bosnia and Herzegovina	(39)		Bosnia and Herzegovina
North Macedonia	(32)		North Macedonia
United Arab Emirates	(33)		United Arab Emirates
United States	(48)		United States
B-S-J-Z (China)	(26)		B-S-J-Z (China)
Philippines	(22)		Philippines
Dominican Republic	(26)		Dominican Republic
Poland	(57)		Poland
Turkey	(21)		Turkey
Slovenia	(52)		Slovenia
Montenegro	(29)		Montenegro
Romania	(27)		Romania
Russia	(45)		Russia
Chile	(37)		Chile
Serbia	(42)		Serbia
Saudi Arabia	(4)		Saudi Arabia
Baku (Azerbaijan)	(17)		Baku (Azerbaijan)
Malta	(45)		Malta
Brunei Darussalam	(23)		Brunei Darussalam
Brazil	(25)		Brazil
Ukraine	(41)		Ukraine
Hong Kong (China)	(38)		Hong Kong (China)
France	(36)		France
Bulgaria	(33)		Bulgaria
Qatar	(29)		Qatar
Switzerland	(39)		Switzerland
Korea	(30)		Korea
Georgia	(22)		Georgia
Hungary	(20)		Hungary
Portugal	(33)		Portugal
Lithuania	(36)		Lithuania
Lebanon	(37)		Lebanon
Austria	(42)		Austria
Argentina	(26)		Argentina
OECD average	**(37)**		**OECD average**
Finland	(58)		Finland
Spain	(34)		Spain
United Kingdom	(48)		United Kingdom
Estonia	(38)		Estonia
Luxembourg	(40)		Luxembourg
Germany	(35)		Germany
Italy	(33)		Italy
Slovak Republic	(40)		Slovak Republic
Iceland	(47)		Iceland
Netherlands	(41)		Netherlands
Uruguay	(31)		Uruguay
Chinese Taipei	(28)		Chinese Taipei
Ireland	(40)		Ireland
Macao (China)	(28)		Macao (China)
Sweden	(43)		Sweden
Greece	(32)		Greece
Czech Republic	(38)		Czech Republic
Latvia	(35)		Latvia
Japan	(20)		Japan

0　10　20　30　40　50　60　70　80　90　100 %

図7　人生への満足度と人生の意義の感じ方との関係

OECD/PISA. *PISA2018 Results: What School Life Means for Students' Lives. Volume III.* Paris: OECD, 2020, 166.

は、つまり、日本の学校教育、広くは家庭や社会が、学力競争を重視するあまり、人間を育てるという教育の根本目標をおろそかにしている、ということになるのではないでしょうか。

　すべての人の well-being を問題にすることは、私たち全員が民主的な社会を作っていくということにつながります。コロナ対策に四苦八苦する今日、良識ある人々で共存・協力する民主的な社会を作っておくことの重要性を、私たちは身にしみて感じるばかりです。

（2）授業をサボると人生満足度はどうなるか

　もう一つの質問に対する回答を分析してみましょう。

問 58　最近 2 週間のうち、次のことがありましたか。
(1) 学校を無断欠席した。
(2) 授業をサボった。
(3) 学校に遅刻した。

　生徒たちは、PISA テストを受ける日から数えて 2 週間のうち、それぞれ、「まったくなかった」「1 〜 2 回」「3 〜 4 回」「5 回以上」の 4 段階で答えます。

　図 8 は、問 58 の (2) の学校をサボった回数と「自分の人生には、明確な意義や目的がある」とをクロスさせたものです。

　「少なくとも 1 回サボった者が感じる人生の意義」（■）→「まったくサボらなかった者が感じる人生の意義」（>）が図示されています。日本の若者は、学校をサボったことがある者の「人生意義指数」は -0.45 で、調査国中世界最小値です。しかし、全くサボらなかった者でも「人生意義指数」はほとんど増えず、-0.4 ほどです。つまり、

20

Figure III.11.10 **Students' sense of meaning in life, by student truancy**

▶ I did not skip some classes in the two weeks prior to the PISA test
■ I skipped some classes at least once in the two weeks prior to the PISA test

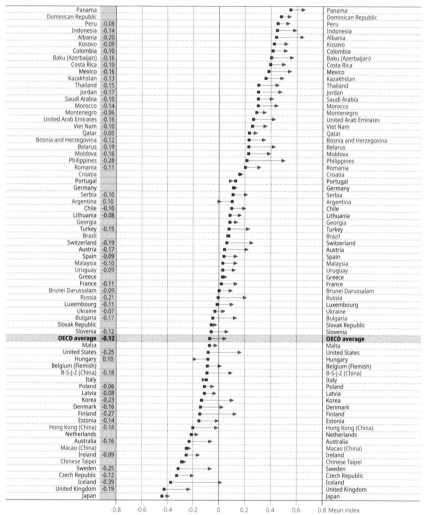

図8　学校をサボっている度合いと人生の意義の感じ方との関係

OECD/PISA. *PISA2018 Results: What School Life Means for Students' Lives. Volume III.* Paris: OECD, 2020, 168.

授業に出ても出なくても人生の意義や目的を感じる度合いはほとんど増えないのです。学校においては、自分の人生と関連付けて考えたり、励んだりすることとは関係づけがたい中身の教育が延々と続けられているということなのでしょう。それなのに、生徒たちは我慢して学校にやってきて、授業を受けているということなのでしょう。

　図 8 で最上位のパナマでは、授業をサボろうとサボるまいと人生の意義や目的をよく感じていると答えています。これまた、学校が社会生活から切れていることを示すデータになります。

　中には、ポルトガル、アルゼンチン、ハンガリー、イタリアという、サボった者の方が人生の意義と目的を多く感じているという、逆転した世界の強者たちが住む国もあるようです。

　いずれにしても、日本の生徒は、「授業を世界一サボっていない。なのに、切ない……」。

第3章　日本の学びを世界と比べると

(1) 日本の学びは古い

　2007 年 12 月 4 日、PISA2006 の結果公表に合わせてわざわざ OECD 事務総長が来日し、記者会見にて指摘したのは、日本の教育の質についてでした。

　「日本の生徒は様々な科学分野にわたりすばらしい知識基盤を備えているが、初めて出会う状況で、知っていることから類推し、知識を応用する必要がある場合は、成績が下がるということである。これは今回の調査で明らかになった重要な点である。なぜなら、生徒が単に科学的知識を記憶し、その知識とスキルを再現することだけを学習しているのだとすれば、多くの国の労働市場からすでに消えつつある種類の仕事に適した人材育成を主に行っているというリスクを冒していることになるからである。……この分野で成功を収めているフィンランド、ニュージーランド、オーストラリア、オランダ、カナダの例は、これに関する有益な参考になるはずである。」(日本 OECD (2007)、下線部は福田)

　彼が述べた重要な点は、OECD という国際経済機構が 2007 年時点ですでに、「日本の学びは古く、グローバルな時代には合わない」

ということを公然と指摘したことです。

　グリア事務総長のスピーチを言い換えれば、唯一の正しい答えを教えるというような教育や、正解・結論を覚えるというような学修 (study) では、これからの社会に対応できないということなのです。「グローバルな時代」には、国境を越えて人々が行き交い、多国籍チームワークで働くことになるわけです。

　古い学びとは、アジアの諸国が行ってきたような「追いつき追い越せ」型の学びです。それは後発効果とも呼ばれるのですが、西欧社会をモデルにキャッチ・アップするために、途中の無駄を省いて結論だけを効率よく学ぼうとするようになります。ですが、このような学びでは、知識をため込むけれど使い方がわからないという欠点に陥ってしまいます。練習問題をたくさん解くという学びでは、課題を指示されるまで頭は働かないわけです。このような頭は、定められたルール通りに、かつ上から指示された通りに働く工場労働や、事務職には向いていたでしょう。でもそこまでです。

(2) コンテンツ・ベースからコンセプト・ベースの教育への転換

　さらに OECD のグリア事務総長は、2007 年 12 月 4 日の日本記者クラブにおけるスピーチにて、グローバリズムの立場に立って日本の子どもたちの学びの問題点を述べました。その発言は、データに基づくものですが、文化や民族を越えた学力の視点を日本人に突きつけました。

　PISA2006 のデータによると、日本の子どもたちは、「科学への興味・関心や科学の楽しさを感じている」生徒の割合が低く、「観察・実験などを重視した理科の授業を受けていると認識している」生徒の割合もまた低くなっています。これは、生徒自らが自分の興味関

心に基づき、意欲的に学んでいるのだろうかと疑問を生じさせるデータです。OECD 事務総長のスピーチでは、次のような指摘になっています。

　「他の国の生徒ほど、科学が自分の人生に機会を与えてくれると考えておらず、自分の将来という観点から科学を学ぼうとする動機づけが弱いのである。」

「30 歳の時点で自分が科学に関係する仕事に就いていると予測する日本の生徒はわずか 8 ％だった（OECD 平均は 25 ％）ということである。これは OECD 諸国の中で最も少ない割合であり、この予測と科学の成績との間には強い関連性が見られた。もう一つの重要な点として、日本の 15 歳生徒は PISA 調査のテストでは成績がよかったにもかかわらず、自らの科学的能力に対する自信は、OECD 加盟国の中で一番低かった。」

　日本の教育関係者は、成績よりももっと気にすべき問題があると指摘しているわけです。

　主な質問項目に沿って具体的に検討してみましょう。表中のデータは、理科（科学的リテラシー）を特に詳しく調べた PISA2006 と PISA2015 の調査に基づいています。調査では、日本で言う「学力」、PISA で言うリテラシーと、生徒と校長とのアンケート結果をクロスさせた分析です。アンケートは、「全くそうだ」「その通りだ」「そうは思わない」「全くそう思わない」で答えています。

　結論を一言で言えば、グリア事務総長のスピーチから 10 年以上経過した今もなお「日本の学びは古い」まま続いていると言えます。ただ、現在では、AI の普及が著しく、日本の教育を変えなければならないという声は、10 年前よりもずっと大きくなっています。

　どこがどう問題なのか、皆さんも自分たちの問題として考えてみて下さい。

（3）学び方が well-being と関わるわけ

　UNICEF（国連児童基金）が、先進 38 か国における「子どもの well-being（幸福度）」を分析し、2020 年 9 月 3 日に国際比較の結果を公表しました。日本の子どもたちは、「身体的健康」の分野では世界 1 位でしたが、「精神的 well-being（幸福度）」では 37 位と、ワースト 2 位でした。総合順位では、オランダが 1 位、デンマークが 2 位、ノルウェーが 3 位で、日本は 20 位でした。

　「精神的 well-being（幸福度）」が低いということは、かなり問題です。幸せ感がないと社会的な動きが止まってしまいます。では、幸福感はどうやってつくり出されるのでしょうか。どうも、自己効力感が幸せ感を大きく左右しているようです。

　学習心理学者である波多野誼余夫と稲垣佳世子は、管理がすっかりいきとどくほど「冒険や探索を行うことが難しくなってきて」、「無気力ぶりが生活全般に浸透」していくと考えました。つまり、「無気力」もまた人間が社会から学習した成果なのだというのです。

　「生産第一主義の管理社会」では「生産性を高めること自体も不可能になってしまうのではなかろうか」と二人は指摘しています。

　二人は、米国のある実験を紹介しています。実験では、5 〜 7 年生の生徒に対し、「教室のなかで、自分で自分の活動を選べるチャンスがどのくらいあるか」「自分のペースで勉強できるチャンスがどのくらいあると思うか」という質問項目を立て、生徒に項目ごと 4 段階で評価してもらいました。同時に、教室のなかで生ずる失敗・成功の原因として、「自分の責任」を挙げる程度も調べました。波多野と稲垣は、後者の調査を「知的達成の責任尺度」と言い換え、「つまり自分の能力や努力の要因をあげる程度がどのくらい強いか」と

いうことだと説明しています。

　この実験から「『学習に対するコントロール感』が大きいほど『自己の責任性』を認める」ことが分かりました。効力感の形成に、自律性の感覚が重要な役割を果たしている」と結論づけています。

　別の実験は、3年生までの小学生を対象に、「子どもが学習に取り組んでいる様子」「子どもと教師のやりとりの様子」「教室環境」などを観察し、「子どもの成功・失敗に対する責任感の程度」との関連を調べたものです。確かに、

　　「子どもが、自分で（教師の指示や示唆によるものではなく）どんな活
　　動をやるかを決めることができる学級の子どもほど、教室場面
　　での成功に対して、自分の努力や能力を強調することが多かっ
　　た」(波多野誼余夫、稲垣佳世子 (1981) 76)

というものでした。したがって、「自分でものごとを決める自由が許されている環境のもとに長期間いた子どもに、自律性の感覚が強いと考えるのは自然なことだろう」と波多野と稲垣は結論づけています。ですが、実験では、

　「ただし、失敗に対しては、彼らのほうが他人のせいにする傾向
　が強かった」

　そうです。そこで、波多野と稲垣は、「この反応は、失敗を自分の能力不足におく反応よりは、事態を改善しうる自信を示していると思われる」と好意的に解釈しています。

　　「とすれば、この結果もやはり、事態を改善しうるという自信、
　　ひいては効力感の形成に、自律性の感覚が重要な役割を果たし
　　ていることを示すものといえよう」

というのが波多野と稲垣の評価です。おそらく自律性の高い低学年の子どもたちは、事態を改善することなら全体的な立場から他者の問題点でもどんどん指摘するということなのでしょう。

　米国のコーネル大学の研究者が大学生を対象にした調査では、課題解決力の高い学生は、困難な問題に取り組むが故に自己効力感を低く評価しがちであるという結果が出ました。(Kruger and Dunning (2009))

　したがって、自己効力感が低いということは、不本意な課題に取り組んでいるからなのか、解決困難な問題に取り組んでいるからなのか、解釈ははっきりしません。原因がはっきりしないので、どのようにしたら満足感や幸福感が増大するかは簡単には対策が立てられないということです。はっきり言えることは、幸福感が少ないことは問題であるということです。

(4) PISA2015 と well-being

　「全体として、あなたはあなたの最近の生活全般に、どのくらい満足していますか」という質問に、0 から 10 までの 11 段階で画面上のスライダーを動かして答えてもらいます。**図9**は、十分に満足している (9 〜 10)、満足している (7 〜 8)、まあ満足している (5 〜 6)、満足していない (0 〜 4) に分けてグラフ化したものです。

　東アジアの国々が下位にひしめいていることが分かります。

　国立教育政策研究所は、その地域には「謙遜することを美徳とする文化」があることと、そこで育った生徒は「謙虚さに価値が置かれ、控えめな自己提示をする傾向がある」と見ています。さらに、「満足度は極めて高かったとしても、自己提示は控えめとなる可能性がある」という見解を述べ、「日本の生徒の生活満足度は世界的に低いという単純な解釈は事実を正確に捉えられているとは言いがたいように思われる」とまで言い切っています。日本の生徒が感情を素直に表せないということは、広い意味の教育の結果に他なりません。

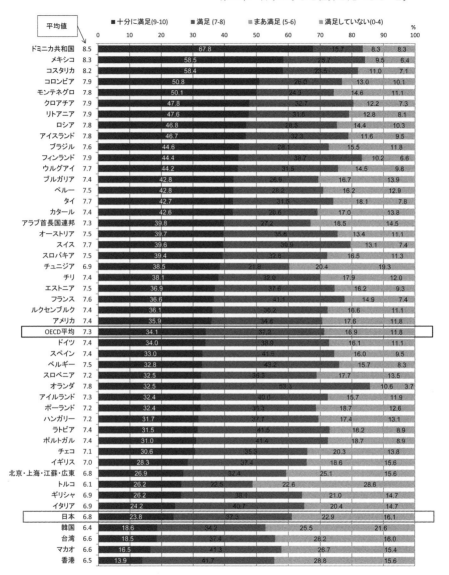

（注）「十分に満足」と回答した生徒の割合が多い順に上から国を並べている。
出所：OECD（2017）より国立教育政策研究所が作成。

図9 生活満足度別の生徒の割合

国立教育政策研究所編『PISA 2015 年調査国際結果報告書―生徒の well-being』2017 年、13 ページ。

やはり、問題があるのです。

　図 10 は、縦軸に生活満足度を、横軸に科学的リテラシーの得点をとって、各国の特徴をグラフに表したものです。この図は、本書 12 ページでフィンランド政府が作成したもの（Ministry of Education and Culture（2019b））と同じ趣旨のグラフです。OECD 平均を基準に分けてみると、日本など東アジアの国々は「科学的リテラシーの得点が高いけれども、生活満足度の平均値は低い」という特徴があります。フィンランドやエストニアは、「科学的リテラシーの得点が高く、しかも生活満足度の平均値も高い」という特徴になります。

　図 11 は、フィンランド、OECD 平均、日本の 3 ケースについて、読解力と数学的リテラシーと科学的リテラシーに関して得点別に10 パーセントずつに分けて、生活満足度を調べたものです。得点の高い生徒ほど生活満足度も高いと予想されるのですが、フィンランドの読解力はそうなっていません。また、日本は、3 つのリテラ

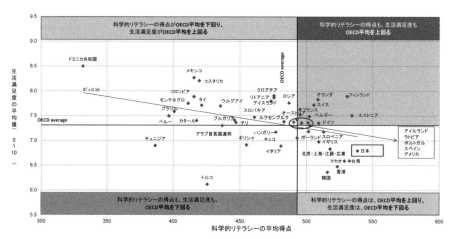

出所：OECD（2017）より国立教育政策研究所が作成。

図 10　生活満足度と科学的リテラシーの関係（PISA2015）

国立教育政策研究所編『PISA 2015 年調査国際結果報告書―生徒の well-being』2017 年、17 ページ。

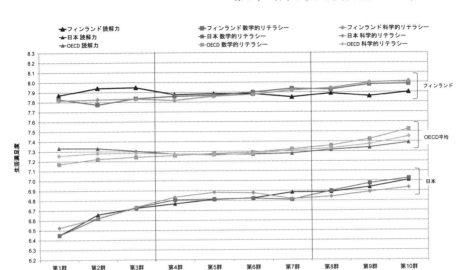

出所：OECD（2017）より国立教育政策研究所が作成。

図11　生活満足度と３つのリテラシーの平均得点の関係

国立教育政策研究所編『PISA 2015 年調査国際結果報告書—生徒の well-being』2017 年、18 ページ。

シーともに成績の下位 30％が落ち込んでいますが、とりわけ下位
10％の落ち込みは大きなものです。フィンランドは学校の成績や結
果にかかわらず「生きる目標を定めて意欲を高める」という精神的
側面には安定した成長が見られます。日本は、成績の下位の生徒に
望ましくない影を落としてるようです。

（5）学校における学びが生徒の人生と結び付いているか

①「理科（科学）に一般的な価値を見出しているか」について

　表3は、PISA2006 において、理科（科学）の一般的な価値を個々
の生徒が認めているか否かを調べたものです。「まったくそうだ
と思う」および「そうだと思う」と答えた生徒の割合を表していま

表3 「科学の一般的価値」を生徒は認めているか（PISA2006）

国名　　　　割合平均順	科学は、私たちが自然界を理解するのに役立つので重要である	科学技術の進歩は、通常、人々の生活条件を向上させる	科学は社会人にとって有用なものである	科学技術の進歩は、通常、経済発展に役立つ	科学技術の進歩は、通常、社会に利益をもたらす
台湾（非） 95.4	96	98	96	94	93
韓国 92	86	96	90	95	93
フィンランド 91.2	96	94	93	84	89
エストニア（非） 88.4	95	94	93	86	74
米国 87.8	94	92	90	87	76
OECD 平均 85.4	93	92	87	80	75
英国 83	94	90	84	82	65
日本 81.2	81	87	81	81	76
ドイツ 79.2	91	89	76	73	67

PISA, *PISA2006: Sience Competencies for Tomorrow's World. Volume I: Analysis.* OECD, 2007, p.129. 国立教育政策研究所編『生きるための知識と技能③』図 2.5.1、134 ページ。

す。日本と比べて問題点が見えてくるような国を筆者が選んで表を作成しました。

　「科学は、私たちが自然界を理解するのに役立つので重要である」という質問に対して、OECD 平均は 93％です。日本は 81％と調査国中最低となっていました。ちなみに、80％台は、韓国、オランダと日本の 3 国だけでした。

　「科学と技術の進歩は、通常、人々の生活条件を向上させる」という評価も、OECD 平均は 92％です。ここでも日本は 87％と調査国中最低でした。

　数値の違いは小さいのですが、科学の価値に否定的な人が少なからずいると言うことが問題でしょう。

　ドイツでは、「科学は、私たちが自然界を理解するのに役立つので重要である」項目が91％と高くなっています。それなのに、「科学技術の進歩は、通常、社会に利益をもたらす」が67％と低くなっています。この現象は、ドイツの生徒は、環境破壊など科学に限界があることを学んでいるからこそ、3分の1ほどの生徒が科学の有用性に疑問を持ち、社会に利益をもたらすものではないと判断しているとも考えられます。したがって、数値が小さいことは批判力が高いという積極的な意味もあると判断することもできます。

②「理科（科学）の学習者として自己効力感を感じているか」について

　表4は、PISA2006とPISA2015において、理科（科学）に関する諸問題を個人が理解しているか、あるいは理解したことを説明したり、議論できるかを調べたものです。PISA2006は、「簡単にできる」「少し努力すればでき」と答えた生徒の割合の合計（％）です。また、PISA2015は、「簡単にできる」と答えた生徒の割合です。

　PISA2006では、全体で見て、日本の子どもたちは、世界の平均に比べて少ない値になっています。日本の子どもたちの20％ほどは、科学が社会でどのように使われているかについて関心がないまま育てられていると推測されます。その結果、テストで高得点でも理解はあいまいで、知識は生活の中で使えないということになっています。

　項目によっては、国の差も見られます。表に掲載してない国も含めると、地震については、ドイツ、フィンランド、アイルランド、スウェーデン、リトアニアで高くなっています。健康問題では、タイ、チェコ、スロバキア、香港、イスラエルで高くなっています。食品ラベルでは、ポーランド、スロバキア、ヨルダン、台湾、アイスランドで高い値が出ています。環境変化については、カナダ、アメリカ、

34

表4 「理科（科学）学習者としての自己効力感」を生徒は認めているか

国名／割合平均順	地震が頻繁に発生する地域とそうでない地域があるのはなぜかを説明する	健康問題を扱った新聞記事を読んで、何が科学的に問題なのかを読み取る	食品ラベルに表示されている科学的な説明を理解する	環境の変化が、そこに住む特定の生物の生存にどのように影響するかを予測する	ゴミ捨てについて、何が科学的な問題なのかがわかる	病気の治療で使う抗生物質にはどのような働きがあるかを説明する	酸性雨の発生の仕方に関して二つの説があったときに、そのどちらが正しいか見極める	火星に生命体が存在するかについて、これまで自分で考えていたことが、新発見によりどう変わってきたかを議論する
PISA2006								
台　湾(非) 67.9	75	74	75	68	75	57	67	52
英　国　67.5	75	79	69	77	67	60	61	52
米　国　68.4	76	79	71	77	64	63	58	59
ドイツ　65.6	83	78	61	69	62	64	64	44
フィンランド　64	83	77	68	56	63	53	48	64
エストニア(非) 63.1	71	79	71	57	69	59	54	45
韓　国　56.9	72	68	47	53	65	55	56	39
OECD 平均 55.4	76	73	64	64	62	59	58	51
日　本　50.1	62	64	44	58	61	33	43	26
PISA2015								
英　国　26.7	43.0	25.5	19.5	34.0	13.9	34.6	23.5	19.8
米　国　25.5	34.7	28.3	24.9	33.7	18.6	25.7	16.7	21.7
OECD 平均 21.4	33.6	21.2	20.0	23.5	15.9	21.3	18.2	17.3
ドイツ　20.8	37.5	20.6	16.6	23.3	12.5	23.7	18.7	13.4
シンガポール(非)20.8	32.6	17.2	16.5	27.7	12.9	15.3	13.4	30.7
台　湾(非)19.8	28.6	17.5	18.0	21.6	21.1	16.0	21.8	14.1
フィンランド 19.3	42.6	15.2	19.9	15.3	14.3	18.2	11.2	17.6
エストニア(非) 18.8	31.9	19.3	19.7	16.5	15.9	18.3	14.6	14.1
北京·上海·江蘇·広東(非) 16.8	20.2	16.1	22.7	15.1	18.4	12.4	19.7	9.8
韓　国　14.8	21.3	12.9	9.6	17.7	18.3	15.1	11.3	12.0
日　本　9.3	18.6	8.4	7.3	11.6	9.8	6.1	5.4	7.2

PISA, *PISA2006: Sience Competencies for Tomorrow's World. Volume I: Analysis.* OECD, 2007, p.135. 国立教育政策研究所編『生きるための知識と技能③』図 2.5.2、138 ページおよび、同『生きるための知識と技能⑥』図 2.6.5、138 ページ。

イギリス、オーストラリアで高いわけです。ですが、日本は、どの項目をとっても OECD 加盟国の平均以下ですので、やはり問題視されるべきです。日本の子どもたちは、生活に引きつけて、科学の効力を考えてみる、あるいは使ってみることが足りないということが言えるでしょう。

　PISA2006 に比べて 9 年経過した PISA2015 においては、科学的リテラシーの得点が高い国は、個人にとっての価値認識では OECD 平均以下となっています。このことから、テストの点数が高い国では、生徒は「学んでいる内容が自分にとって意味があるかどうか」を考える機会があまりないか、あるいは、「難解な世界で自分には向かない」と考えているのか、個人にとって価値があるとはそれほど認めていないと推測されます。

　いずれにしても、ドイツ、フィンランド、韓国、日本といった国々、および OECD 非加盟のシンガポール、台湾、エストニア、北京・上海・江蘇・広東という国・地域が OECD 平均よりも低くなっていることは、極めて興味ある現象です。高得点の国では、困難な問題にチャレンジしようとする意欲がかえって失われてしまっているのかも知れません。

③「理科（科学）の学習に必要性を感じているか」について

　PISA2006 と PISA2015 で理科（科学）を学ぶことの楽しさを調べた結果が、**表 5** となっています。表中の数値は、PISA2006、PISA2015 ともに、「そうだと思う」「全くそうだと思う」と回答した生徒の割合（%）です。

　PISA2015 では、シンガポール、中国の高さが目立っています。また、PISA2006 と PISA2015 を比較すると、米国やエストニアの上昇が特徴的です。逆に、日本とドイツは低迷していることがわかり

ます。産業構造の転換、あるいはコンピュータや AI、移動通信技術などの今日の開発競争の実態を如実に物語っているデータなのでしょう。

　PISA2006 の時点ですでに分かっていたことなのですが、日本の子どもたちは、知識を得る段階でも問題を解く段階でも、科学を楽しんで学んでいる生徒はあまりいないようです。興味もなく、発展して考えるというような生徒も少ないです。理科の授業では、議論の中から考えるとか、原理・原則に戻って身の回りから問いを発し、考えることがますます重要になっています。日本における理科教育では、積極的な学びのマインドセット（身につけている基本的な行動態度）を形成する点で、望ましい成果が出ていないのです。

④「理科（科学）学習に対する自分の動機付け」について

　表 6 は、理科（科学）の学習と自分の将来との結びつきをたずねています。表中の数字は、PISA2006、PISA2015 ともに「そうだと思う」「全くそうだと思う」と回答した生徒の割合です。

　PISA2006 では、台湾、米国は、全体的に高い値になっています。エストニア、フィンランドは、「自分の役に立つ」「将来自分の仕事で役立つ」と考えて学んでいる比率が高く、ユニークな値が出ています。

　PISA2015 では、2 項目が PISA2006 と比較可能な同一設問に設定されていますが、2 項目は若干違った表現になっていて、「理科の授業で学んだことの多くは就職に役立つ」「将来やりたいことに必要になるので、理科を勉強することは重要だ」となっています。

　ドイツでは理科の学習と自己の将来や就職との関連が薄く、理系離れが激しいと分析できます。

　日本は、PISA2006、PISA2015 ともに低い値となっています。と

表5　「理科（科学）の楽しさ」を生徒は認めているか

国名　　　　割合平均順	科学についての知識を得ることは楽しい	科学の話題について学んでいるときは、たいてい楽しい	科学について学ぶことに興味がある	科学に関する本を読むのが好きだ	科学についての問題を解いている時は楽しい
PISA2006					
台　湾(非)　62.2	79	63	64	62	43
エストニア(非)　57.6	78	63	57	50	40
OECD 平均　57.2	67	63	63	50	43
英　国　　56.4	69	55	67	38	53
フィンランド　54.2	74	68	68	60	51
韓　国　　49	70	56	47	45	27
日　本　　44.8	58	51	50	36	29
米　国　　44.4	67	62	65	47	41
ドイツ　　51	52	63	60	42	38
PISA2015					
シンガポール(非)　82.2	85.8	84.0	83.0	77.1	80.9
北京・上海・江蘇・広東(非)77.8	81.3	81.0	77.3	79.1	70.5
米　国　　69.2	75.8	71.7	72.7	56.7	68.9
英　国　　66.3	71.5	66.9	69.3	51.8	72.2
エストニア　65.8	77.4	71.3	62.7	59.4	58.1
OECD 平均　59.8	66.5	62.8	63.8	51.8	54.8
フィンランド　56.1	49.8	64.3	60.9	56.0	49.6
台　湾(非)　56.1	59.4	65.8	53.2	51.8	50.3
韓　国　　52.8	59.9	59.0	53.7	43.4	48.2
ドイツ　　49.6	50.2	58.6	56.1	40.4	42.9
日　本　　44.4	54.7	49.9	47.7	34.9	35.0

PISA, *PISA2006: Sience Competencies for Tomorrow's World. Volume I: Analysis.* OECD, 2007, p.144. 国立教育政策研究所編『生きるための知識と技能③』図 2.5.4、142 ページおよび、同『生きるための知識と技能⑥』図 2.6.2、130 ページ。

表6 「理科（科学）学習に対する動機付け」を生徒は認めているか

国名 　　割合平均順	自分の役に立つとわかっているので、私は科学を学んでいる	将来自分の仕事で役立つから、努力して科学の教科を学ぶことは大切だ	将来の仕事の可能性を広げてくれるので、科学の教科を学ぶことはやりがいがある	科学の教科からたくさんのことを学んで就職に役立てたい	将来の学習に必要となるので、科学の教科を学ぶことは重要だ
PISA2006					
台　湾(非)　74.6	83	76	76	73	65
米　国　　72.6	77	78	70	70	68
OECD 平均　60.6	67	63	61(62)*	56	56
ドイツ　　55.4	66	58	55	50	48
英　国　　53.6	75	71	71	65	54
エストニア(非) 53.2	76	70	64	52	62
フィンランド 51.6	63	53	51	48	43
韓　国　　51	55	57	52	46	45
日　本　　42.2	42	47	41	39	42
PISA2015		(同一項目)	(同一項目)	(類似項目)	(類似項目)
北京·上海·江蘇·広東(非)86.7		90.6	87.8	81.6	86.8
シンガポール(非) 84.2		88.2	85.9	79.3	83.2
米　国　　74.3		80.6	74.1	70.2	72.2
台　湾(非)　73.6		75.5	76.7	71.9	70.1
エストニア　70.0		74.1	71.4	61.0	73.4
フィンランド 66.4		65.0	65.9	64.0	70.7
OECD 平均　64.8		68.8	66.6	60.6	63.3
韓　国　　62.4		66.1	62.7	63.8	56.9
英　国　　58.7		79.7	77.0	71.3	67.6
日　本　　56.7		61.4	56.7	52.1	56.4
ドイツ　　48.3		54.4	49.1	43.8	45.7

　＊ 61 は英文テキストの値で、62 は日本文テキストの値

PISA, *PISA2006: Sience Competencies for Tomorrow's World. Volume I: Analysis.* OECD, 2007, p.147. 国立教育政策研究所編『生きるための知識と技能③』図 2.5.5、144 ページおよび、同『生きるための知識と技能⑥』図 2.6.4、135 ページ。

りわけ、中国の北京・上海・江蘇・広東やシンガポールと比較すると大きな差があることがわかります。中国の値は極めて高く、生徒たちの大半は理系科目の学習を重視し、将来の自分の進路とも関連付けています。日本は、中国の4地域に比べると、6割弱となっています。日本は工業立国を目指して150年ほどの歴史を歩んできましたが、どのような未来を描いたら良いのでしょうか。殖産興業から観光立国への転換を日本政府は重視していましたが、コロナウイルス感染症によって観光もオリンピックもストップしてしまいました。それどころか、マスクもない、防護服もない、消毒するエタノールもない、体温計もまたほぼすべてが中国頼みだったことも明らかになりました。食料に関しても日本の自給率は低く、野菜作りも外国人労働力が研修生として確保できなければ作付けを削減せざるを得ないという状況です。日本人一人ひとりが「何のために学校に行って学ぶのか」、そのことは決しておろそかにしてはいけない問いだったのです。

⑤「30歳で自分は理科（科学）関係の職業に就いていると予想する生徒の割合」

　表7、8、9は、30歳で自分は理系の（科学に関する）仕事に携わっているかどうかを予測させたデータです。

　PISA2006で、「科学に関連した職業」を選択した生徒の割合は、表7のようになっています。表8では数値が異なっていますが、これはその後に「科学に関連した職業」の定義が変化したために修正されたからです。

　まず、PISA2006では、日本は7.8％程度と極端に低く、他国は18％以上にあります。とりわけ男子生徒が4.3％、女子生徒が11.5％と、日本では男子生徒の理系離れが激しく、圧倒的に女子生徒との差が付いています。理系は男性という先入観が日本では強く

40

**表7　30 歳時に理科（科学）に関連した職に就いていることを期待している
生徒の割合と科学リテラシーの得点**

国名 「期待している者の割合」順	期待している割合			期待している者の得点			期待していない者の得点		
	男子	女子	合計	男子	女子	合計	男子	女子	合計
米国	32.0	44.4	38.1	533	496	511	471	496	477
台湾(非)	28.1	17.6	23.1	569	548	561	524	548	524
OECD 平均	23.5	27.0	25.2	549	527	537	489	490	489
英国	22.5	26.6	24.6	578	537	556	506	537	503
韓国	20.4	16.6	18.5	552	548	550	514	548	516
ドイツ	18.4	18.0	18.8	577	552	564	511	507	509
フィンランド	15.1	21.1	18.1	610	583	595	553	560	557
エストニア(非)	19.3	22.9	21.1	570	553	561	520	528	524
日本	4.3	11.5	7.8	605	552	567	531	527	529

PISA, *PISA2006: Vol. 2: Data/Données.* OECD, 2007, 75. 国立教育政策研究所編『生きるための知識と技能③』表 2.5.1、143 ページ。

**表8　30 歳時に理科（科学）に関連した職に就いていることを期待している
生徒の割合と科学リテラシーの得点**

国名 PISA2015「期待している割合」順	2006 年			2015 年			増加(2015 年－2006 年)		
	男子	女子	全体	男子	女子	全体	男子	女子	全体
米国	28.5	35.9	32.2	33.0	43.0	38.0	4.5	7.0	5.8
英国	19.1	17.2	18.2	28.7	29.6	29.1	9.6	12.4	11.0
シンガポール(非)				31.8	23.9	28.0			
エストニア(非)	17.2	16.7	16.9	28.9	20.3	24.7	11.7	3.6	7.8
OECD 平均	21.7	19.5	20.6	25.0	23.9	24.5	3.3	4.4	3.9
台湾(非)	27.9	16.0	22.2	25.6	16.0	20.9	-2.2	0.1	-1.3
韓国	21.1	13.3	17.2	21.7	16.7	19.3	0.6	3.4	2.1
日本	12.7	13.4	13.0	18.5	17.5	18.0	5.8	4.1	5.0
フィンランド	13.0	13.2	13.1	15.4	18.7	17.0	2.4	5.5	3.9
北京·上海·江蘇·広東(非)				17.1	16.5	16.8			
ドイツ	14.8	11.5	13.2	17.4	13.2	15.3	14.8	11.5	13.2

国立教育政策研究所編『生きるための知識と技能⑥』2016 年、表 2.6.9、146 ページ、および表 2.6.12、147 ページ。

**表 9　男女別の科学的リテラシー習熟度からみる 30 歳時に理科（科学）に
関連した職に就いていることを期待している生徒の割合（PISA2015）**

国名	レベル 1a 以下		レベル 2〜3		レベル 4		レベル 5		全 体
	男 子	女 子	男 子	女 子	男 子	女 子	男 子	女 子	
米国	16.8	39.6	30.3	42.6	44.8	46.9	55.6	45.4	38.0
英国	15.1	21.8	26.1	27.8	36.1	35.0	46.9	40.2	29.1
シンガポール (非)	19.2	16.7	27.2	20.0	32.6	25.4	42.0	32.4	28.0
エストニア	14.8	12.2	24.7	17.1	34.8	22.7	41.4	34.5	24.7
OECD 平均	12.0	14.7	23.4	22.8	35.4	32.5	43.6	39.1	24.5
台湾 (非)	7.7	8.2	20.3	12.7	32.2	18.2	42.4	29.9	20.9
韓国	9.6	9.8	17.7	13.9	27.5	19.0	45.4	34.0	19.3
日本	8.0	8.5	15.1	14.7	21.9	22.1	26.6	25.4	18.0
フィンランド	3.6	7.0	11.5	13.5	21.2	23.7	31.5	31.5	17.0
北京・上海・江蘇・広東 (非)	6.3	13.2	12.6	14.9	23.5	17.6	31.6	25.1	16.8
ドイツ	5.4	6.5	12.4	11.3	24.3	18.4	38.1	24.1	15.3

国立教育政策研究所編『生きるための知識と技能⑥』2016 年、表 2.6.10、146 ページ。

ありましたが、若者たちの意識の変化が起きているということです。

　女性よりも男性の理科離れが大きいという予想外の反応は、産業革命以後の工業化初期には考えられなかった傾向と言えます。看護師とか薬剤師など女性の職業が開拓されてきた結果と言えます。全体として職業観の形成が製造業の方向に向いていないならば、理科教育のあり方を職業対策よりも日常生活全体への対策へと大胆に転換する必要があると思われます。環境問題とか、伝染病対策などを理科教育のテーマとして重視し、科学者や技術者を養成するようにカリキュラムを修正する必要があるわけです。

　データによると、「将来に期待する」と答えた者の得点は「期待していない者」に比べて、男女とも高い値が出ています。「この（自己の将来）予測と科学の成績との間には強い関連性が見られた」というOECD 事務総長のスピーチは、このことを言っているわけです。つまり、自分の将来に期待する者が増えれば増えるほど、将来に展望をもつ「科学好き」の子どもたちを増やせば増やすほど高得点の者が増え、国全体の平均点も高くなるという結果が生まれるわけで

す。テスト対策や授業時間の増大が解決策というわけではなく、高得点の秘訣は「勉強がしたい」「この科目が面白い」という子どもを増やすことなのです。理科（科学）の結果を見るだけでも、子どもたちが自分の将来を描ける社会なのか、学校の授業が一人ひとりの人生に向けて学べるような教育になっているか、というようなことがデータで示されています。

　2008 年に、ILO（国際労働機関）が国際職業分類を改定（ISCO-88）します。これを受けて、OECD/PISA は「高等教育における科学の学習を必要とする職業」への期待として参入する職業を組み替え、分析を手直ししました。表 8 は、PISA2015 の男女合計の割合順に並べたものです。表 7 に掲載された結果も、比較可能なようにさかのぼって修正されて、表 7 に入れ込んであります。

　この期待を、科学的リテラシー習熟度別に、かつ男女別の観点からみると、表 8 のようになります。成績がレベル 1a 以下と悪くても、30 歳時点で理系の（科学に関する）仕事についていることを期待する生徒の割合が大きい国がたくさんあります。米国、英国、シンガポール、エストニアは OECD 平均を超えています。とりわけ、米国の子どもたちの育ち方は、どの成績レベルでも、かなりの割合で理系の（科学に関する）仕事に就こうとする若者がいることが特徴です。これは、米国の強みであり、人生への意義が成績で破壊されていないというべきかも知れません。逆に、米国と中国を除く産業国は、理系離れという教育課題が浮上してきているわけです。今まさに起きている米中 IT 戦争がデータで裏付けられます。

　表 9 では、英国と米国は OECD 平均よりも高くなっていますが、この原因は、両国の子どもたちは科学が重要だ、就職に有利だというようなことを普段から聞かされているということなのかも知れません。あるいは、理系の職業への進路が社会的に開拓できていて、

テストの得点が、学習の価値や学習の意欲をそれほど破壊していないのかも知れません。

（5）理科（科学）の授業はどう進むか

①「雰囲気指標」

　表10 は、普段の授業の様子を生徒がどう見ているかを調べたものです。「いつもそうだ」「たいていそうだ」と回答した生徒の割合が表記されています。「生徒は、先生の言うことを聞いていない」「授業中は騒がしくて、荒れている」というようなことを聞くと、日本でいえば学級崩壊かと思えるほどです。世界から見れば、日本の子どもたちは、極めて安定した環境で授業を受けていることがわかります。

　フィンランドの理科の授業は、成績が比較的良い割には予想外に騒がしいものです。米国の理科の授業は、成績が比較的悪い割には静かなようです。「学力」、PISA でいうリテラシーの得点と、学び方とは一律には結び付いていないようです。フィンランドでは探究を深める学びをのびのびとしているので、授業中の発言は多く、騒がしいということのようです。米国では、成績の良い生徒も悪い生徒もそれぞれの意欲を伸ばす授業が行われているということでしょう。

　したがって、教科書を開いて先生の説明をよく聞いて計画通りに淡々と進む授業が必ずしも理想的なものではないことがわかります。

②「理科（科学）の授業で実験と調査はどう行われているのか」について

　表11 は、実験や調査など活動的な授業がどのように行われているのかを調べたものです。「いつもそうだ」「たいていそうだ」と回

表 10　PISA2015 にみる「理科（科学）の雰囲気指標」

国名 「理科の雰囲気指標」順	生徒は、先生の言うことを聞いていない	授業中は騒がしくて、荒れている	先生は、生徒が静まるまで長い時間待たなければならない	生徒は、勉強があまりよくできない	生徒は、授業が始まってもなかなか勉強に取りかからない
フィンランド　−0.10	31.2	38.1	28.6	18.7	27.5
英　国　　−0.08	35.6	39.0	32.9	20.7	24.1
エストニア　−0.04	36.8	30.2	25.9	24.1	21.1
OECD 平均　0.00	32.2	33.1	28.7	21.5	25.7
ドイツ　　　0.05	31.4	26.4	30.1	23.6	24.1
台　湾(非)　0.18	21.7	21.1	20.8	11.2	13.4
シンガポール(非) 0.20	17.9	26.7	20.8	11.2	13.4
北京·上海·江蘇·広東(非)0.28	17.5	19.8	12.9	15.3	15.5
米　国　　　0.29	23.8	23.9	19.1	13.8	16.8
韓　国　　　0.63	9.4	18.7	11.4	8.3	10.3
日　本　　　0.83	9.4	10.9	7.8	13.2	9.5

国立教育政策研究所編『生きるための知識と技能⑥』表 2.7.2、156 ページ。

　答した生徒の割合が表になっています。

　PISA2006 と PISA2015 の両者のデータを見渡してみると、米国は、一貫してアクティブラーニングが多く実施されていることがわかります。エストニアも、フィンランドも、理科の授業では活動的方法が少ないということもわかります。教師がよく準備した説明中心の授業になっていると思われます。

　日本、韓国は、活動的な学習はあまり行われていません。

　(b)「生徒が実験室で実験を行う」の値は、日本が 10（PISA2006）と 14.8（PISA2015）ですが、(d)「生徒は、実験したことからどんな結論が得られたかを考えるように求められる」の値（%）は、それぞれ 26 と 33.0 です。この差は何でしょうか。生徒は、実験はしていないけれど実験の結果について考察を求められているということでしょう。同様のことは、韓国でも起きています。実感のないまま理解するこ

表11　理科（科学）の授業で実験と調査はどう行われているのか

国名　　　　割合平均順	(a) 生徒は、自分たちが予想したことを実験で確かめるように求められる	(b) 生徒が実験室で実験を行う	(c) 実験の手順を生徒自身で考える	(d) 生徒は、実験したことからどんな結論が得られたかを考えるように求められる	生徒は、アイディアを調査で確かめるように求められる	調査についてクラスで議論する
PISA2006						
米　国　45.5	38	45	30	69		
英　国　32.8	23	27	14	67		
台　湾(非)　23.8	26	15	15	39		
OECD 平均　23.8	23	22	17	51		
ドイツ　30	19	22	14	65		
エストニア(非)　24	23	11	15	47		
フィンランド　24	14	22	5	55		
日　本　16.8	22	10	9	26		
韓　国　15.3	13	9	13	26		
PISA2015						
米　国　0.34		38.6	25.3	60.5	29.2	43.2
北京・上海・江蘇・広東(非)　0.28		11.4	13.2	25.8	11.6	16.8
ドイツ　0.06		21.6	12.8	58.7	38.0	28.7
シンガポール(非)　0.01		21.6	13.4	49.5	15.2	25.0
OECD 平均　0.00		20.9	15.7	41.5	26.2	25.8
英　国　-0.01		18.6	9.4	48.5	14.6	29.7
エストニア　-0.07		9.0	11.6	29.7	30.5	14.6
フィンランド　-0.30		20.8	6.2	36.7	12.3	12.8
台　湾(非)　-0.45		10.8	10.5	13.2	13.0	13.9
韓　国　-0.61		10.2	12.5	13.6	12.8	12.7
日　本　-0.64		14.8	10.4	33.0	8.7	12.4

国立教育政策研究所編『生きるための知識と技能⑥』図 2.6.3b、160 ページ。ならびに図 2.6.3c、161 ページ。および、同『生きるための知識と技能⑥』図 2.7.7、162 ページ。

とが求められるばかりだと、生徒たちは理科の実験が、ひいては理科(科学)が嫌いになるかも知れません。

　データをつなぎ合わせると、日本の子どもたちは、たとえ実験をする場合にも先生の指示通りに実験はするけれど、指示されたことをするだけで、やりっ放しで、考えるプロセスがきちんと点検されていない、リフレクションが少ないという学習実態が浮かび上がります。

③「理科(科学)の授業で活動的教育が行われているのか」

　表12は、実験や調査以外にもどのような活動的授業が行われているのかを調べたものです。「いつもそうだ」「たいていそうだ」と回答した生徒の割合が表記されています。調査項目で、PISA2015「生徒は科学の問題について議論するように求められる」は、PISA2006「生徒は課題についての話し合いをする」と表現が修正されています。

　理科(科学)の授業は、日本では、生徒の意見を聞いたり生徒同士に考えさせる授業は少ないということがわかります。

　どの国も同じような傾向ですが、「生徒には自分の考えを発表する機会が与えられている」が多く、「生徒は科学の問題について議論するように求められる」は少なくなっています。生徒が理解していれば良いのですが、未消化の場合は生徒同士で議論して確かめるのは重要なプロセスです。台湾、韓国、日本では、この生徒同士で「議論する」機会が少なく、どうしても教師の説明に終わり、教科書を覚えるという結末が見えています。この点、中国の先進的地域(北京、上海、江蘇、広東)では、韓国や日本に比べて高い値が出ており、授業改善が図られていることがわかります。

　学びは、現在の生活に湧き出る興味関心から出発しています。将来の生活のためだけではなく、現在の生活に豊かさをもたらすかど

表 12　理科（科学）の授業で活動的教育が行われているのか

国名　　　　　　割合平均順	課題をするのが難しい生徒に、先生が個別に指導する	ほとんどの生徒にとって理解するのが難しいテーマや課題のとき、先生は授業のやり方を変える	生徒には自分の考えを発表する機会が与えられている	生徒は科学の問題について議論するように求められる	先生は理科で習った考え方が多くの異なる現象（例：物体の運動、似た性質を持つ物質など）に応用できることを教えてくれる	先生は科学の考え方が実生活に密接に関わっていることを解説してくれる
PISA2006						
米　国　　64.5			74	59	68	57
エストニア(非) 61.3			68	56	63	58
英　国　　55			72	44	59	45
台　湾(非)　54			57	44	59	56
OECD 平均　52			61	42	59	46
フィンランド　51.8			64	37	61	41
ドイツ　　50			59	45	57	39
韓　国　　34.8			23	22	59	35
日　本　　24			34	17	26	19
PISA2015			（修正）			
米　国　　0.34	59.7	44.4	74.3	30.6	67.4	54.6
北京·上海·江蘇·広東(非) 0.28	52.1	38.7	64.3	20.8	49.5	36.3
ドイツ　　0.06	34.0	31.8	70.0	30.1	56.0	37.5
シンガポール(非) 0.01	65.5	52.9	69.9	21.9	60.3	47.3
OECD 平均　0.00	55.8	39.9	68.5	29.7	59.1	50.0
英　国　　-0.01	55.8	44.5	73.9	17.7	60.6	48.0
エストニア　-0.07	43.2	35.5	70.0	15.0	57.8	56.8
フィンランド　-0.30	51.4	37.5	71.6	15.0	53.7	48.3
台　湾(非)　-0.45	42.9	42.3	57.7	12.0	34.6	35.1
韓　国　　-0.61	43.1	36.0	43.8	12.5	55.1	43.1
日　本　　-0.64	25.0	34.0	47.3	12.2	39.8	33.0

国立教育政策研究所編『生きるための知識と技能⑥』図 2.6.3a、159 ページ。ならびに図 2.6.3d、162 ページ。および、同『生きるための知識と技能⑥』図 2.7.6、161 ページ、ならびに図 2.7.7、162 ページ。

うか、これもまた well-being の視点から重要な課題です。アンケートのなかに、「先生は科学の考え方が実生活に密接に関わっていることを解説してくれる」という項目が設けられているのもそのためです。この項目に対して「いつもそうだ」「たいていそうだ」と回答した生徒の割合を見ると、OECD 平均は 50.0 ですが、韓国 43.1、中国の先進的地域（北京、上海、江蘇、広東）36.3、台湾 35.1、日本 33.0 となっています。東アジアの諸国は、欧米の文化に追いつけ・追い越せと近代化をすすめてきた歴史がありますが、将来の生活のために現在の生活を犠牲にするというような教育では、今この意義が問われているということです。「学校教育が生活から離れた学びになっている」「学校が生活から離れて知識を詰め込む工場になっている」という批判が日本でも繰り返されてきましたが、OECD/PISA もまたそのような批判視点を基本に据えているということです。

　フィンランドでも「先生は科学の考え方が実生活に密接に関わっていることを解説してくれる」の値が 48.3 と小さく出ています。いわゆる競争的なテストが中学校までないので、「学びの意義を必ず説明する」「現在の生活で使えて便利だと知らせるようにしている」とフィンランドの先生は言います。先生が授業を周到に準備していることはよく知られています。それでいて、フィンランドの生徒からは満足な回答が返ってきていないようです。教育は、実に困難な営みであるようです。

　この表 12 では、米国の値が目立っています。米国では、生徒の得点順位は低いけれども、学校では活動的な理科の授業が多く実施されていて、教育を工夫している教師もまた多いことが読み取れます。国際生徒調査 PISA が測る 15 歳、大学入試が測る 18 歳（日米）、19（ヨーロッパ）歳はまだまだ人生の通過地点にすぎません。学習動機を枯らさず、学び続ける力こそ、長い目で見れば意味あるものだ

と思われます。

（6）国際生徒調査 PISA は何を提起しているのか

①読解力の国別平均点と授業時間との関係

　PISA2006 が詳細に分析したように、日本の子どもたちは、公式など知識や結論がはっきりしている設問に答えることが上手です。しかし、習ってない状況や、複雑な条件が入り組む「身の回りの具体的なことがら」に科学的思考を適用することにはどちらかというと下手ということです。その原因は、身の回りの疑問から発する学びでなく、正解を繰り返し覚えてそれを類似の問題集、いわゆるドリルで確かめるというような学びになっているからではないかと考えられます。

　日本の生徒たちのこの傾向は、PISA2015 でもそれほど変化していません。世界の変化について行っていないのです。一人ひとりが自分で自分の身を守り、自分で自分の将来を切り拓いていく「イノベイティブでクリエイティブな自律する人間」を創ると同時に、人間の能力を拡張して AI を使いこなし、バーチャルな空間と時間にある人々をつないで交流し、それでいて人間らしい感性、感情を持ち続ける人間。そんな人間が求められているのです。

　PISA2018 では、読解力を詳しく分析しました。**図12**を見ると、フィンランドやエストニアは、少ない授業時間で読解力の好成績をあげていることがわかります。しかも、生活満足度も高いというわけです。

②読解力の経年変化に見る学力観のイノベーション

　OECD/PISA は、単なる学習到達度テストではなく、とりあえず3リテラシーを測定対象に選び、測定方法を9年ごとに変

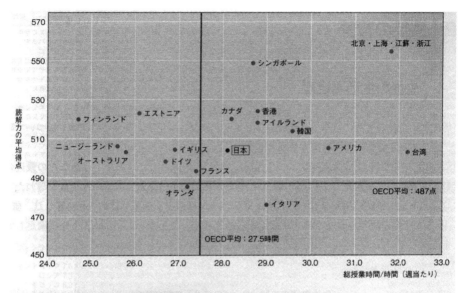

図 12　読解力テストの平均得点と週当たり総授業時間との関係

国立教育政策研究所編『生きるための知識と技能⑦』明石書店、2019年、229ページ。

更しています。したがって、一般的な学習到達度テストではな
く、教科横断的な言語力を読解リテラシー（読解力）として測定しよ
うとするものなのです。

　日本の国語教育は読解力テストには対応していませんでした。筆
者の子どもの頃は、書き順だとか画数だとかやたらと細かく、漢字
の読み書きが国語の勉強のことだと考えていました。宿題と言えば、
漢字の書き取りだったような記憶があります。

　2006年1月に文部科学省は「PISA型読解力」を全ての教科で追求
することに教育方針を修正します。その成果が、図1に見るように、
PISA2009、PISA2012、PISA2015の結果に表れています。一時回復
したものの、今では大きく順位を下げることになってしまいました。

　OECD は、ある方向に学校教育の内容を誘導していることは確か
です。たとえば、PISA における成績低下は、フィンランドでも起
きています。フィンランドは、PISA のリテラシーテストの成績に
かかわらず、学校の中の学びを個性的に変えようとしたり、教科横
断的な授業に作り変えようとしているところです。表 10、11 に見
るように、アクティブ・ラーニングは、まだまだ十分ではありませ
ん。表 9 に見るように、生徒の自主性に任せると教室は騒がしくな
るわけです。それでも、活動的・探究的な教育方法に向けて改革を
続けています。

　逆に、エストニアの教育は、伝統的な教育が残ったまま国家の教
育統制が脆弱であったために、極めて新しい教育が容易に入ってき
て変化にうまく対応できていると思われます。何しろ、1991 年末
にソビエト社会主義連邦共和国が崩壊して、混乱の中でやっと国民
教育制度を整え、国作りを始めたばかりなのです。伝統的な教育と
革新的な教育とのせめぎ合いの末、グローバリズムは後戻りできな
い転換期を印象づけたと言えます。エストニアは、この転換期にい
きなり「現代化」に突入してしまったというわけです。それでも生
きていくしかありません。もがきながら這い上がってきたエストニ
アの教育については、別の機会にお知らせします。

　OECD は、国際生徒調査 PISA においてリテラシー・テストとと
もに、生徒がそれぞれのリテラシーの価値をどう考えているのかを
アンケートでたずねていました。それはなぜだったのかと理解して
いただければ幸いです。

参考文献

Dweck (2006) Carol S. Dweck. *Mindset: The New Psychology of Success.* Random House.

Kruger and Dunning (2009) Justin Kruger and David Dunning. Unskilled and Unaware of It: How Difficulties in Recognizing One's Own Incompetence Lead to Inflated Self-Assessments. *Psychology*, 1, 30-46.

Ministry of Education and Culture (2019a) ホームページ「*PISA 18: First Results: Finland among Top Performers*」2019 年 12 月 3 日付け。

Ministry of Education and Culture (2019b) *PISA 18: First Results: Finland among Top Performers.* 03/12/2019. (パンフレット)

OECD/PISA (2020a) *PISA2018 Results: Where all Students can Succeed. Volume II.* Paris: OECD.

OECD/PISA (2020b) *PISA2018 Results: What School Life Means for Students' Lives. Volume III.* Paris: OECD.

Republic of Estonia (2019) Ministry of Education and Research のホームページ「*PISA 2018: Estonia ranks first in Europe*」2019 年 12 月 3 日付け。

国立教育政策研究所編 (2007)『生きるための知識と技能③』ぎょうせい。

国立教育政策研究所編 (2016)『生きるための知識と技能⑥』明石書店。

国立教育政策研究所編 (2017)『PISA2015 年調査国際結果報告書—生徒の well-being』。

国立教育政策研究所編 (2019)『生きるための知識と技能⑦』明石書店。

在日フィンランド大使館 (2019) ホームページ「PISA の読解力が高いフィンランドの子どもは『生活満足度』も高いことが明らかに」」2019 年 12 月 4 日付け。

ドゥエック (2016) キャロル・S・ドゥエック著、今西康子訳『マインドセット:「やればできる！」の研究』草思社。

日本OECD (2007) ホームページ「グリア事務総長スピーチ」2007 年 12 月 4 日付け。

波多野誼余夫、稲垣佳世子 (1981)『無気力の心理学—やりがいの条件 (改訂)』中央公論新社 2020 年 (初版 1981 年)。

あとがき

　「生産第一主義の管理社会」では「生産性を高めること自体も不可能になってしまうのではなかろうか」と学習心理学者の波多野誼余夫と稲垣佳世子は 1981 年に指摘していました。この危惧は、見事に当たったと言うべきでしょう。

　大学も含めて、日本の教育を変えなくてはならないところに来ています。教育改革の基準は、学習者中心であることです。物の豊かさや便利さよりも、一人ひとりの「満足度（幸福感、well-being）」ということに尽きます。社会において、とりわけ学校の授業において、一人ひとりの自己効力感を高めて、自律する人間を育てることが、唯一の教育改革の道だと思われます。

　筆者への講演依頼は、「意外にも」と最初は思ったものですが、よく考えてみれば「さすが」と言うべき方面からやってきました。2020（令和2）年1月下旬、「内閣府から紹介されました」という前書きで自由民主党政調会から講演の打診がありました。その会は、2018 年にはウェルビーイング問題のいきさつ、2019 年にはデンマークの福祉というような内容で勉強会を重ねてこられ、毎年『報告書』も出しておられます。講演課題は「なぜフィンランドにはテストがないのか」ということでした。会の意気込みと政策探究の確かな方向性を感じて、筆者はすぐに講演を承諾しました。報告は2月9日朝8時から9時まで、都内平河町の自由民主党本部にて開催されることになりました。報告当日は、10 人ほどの議員の方は朝食を食べながら、内閣府と文科省の官僚の方も加えて 40 人ほどの勉強会でした。正直、その熱意には感服せざるを得なかったのです。

　出席されていた上野通子文科副大臣が当日すぐに文科省の職員の方に紹介され、当日のうちに筆者のところに講演依頼がありました。今度は、2月21日9時30分から11時10分まで、文部科学省総合教育政策局主催の勉強会でした。

　本書は、これらの報告がもとになって書かれています。

　時や時、この直後の2月末には、新型コロナ対策で世界中が一変してしまいました。高度な政治判断で、学校教育はいとも簡単に「休校」措置がとられることになりました。基本的には、この動きが5月まで続くことになりました。この時、インターネットを活用した遠隔授業だけが学校の教師と在宅の子どもたちをつなぐ手段となったわけです。同時に、学校とは何をするところだったのか、教師は何をすべきなのかが身近に問われることになりました。

　こんな時、意外にも、「well-being と教育」とは時代を先取りしたテーマだったのではないかと考えることになったわけです。おそらく、人類は新型コロナウイルスなどの病原菌と背中合わせに併存していくことになるでしょう。危機を脱しても、経済的な大不況となって、産業のあり方も変わることでしょう。職業の様子も変わるでしょう。世界の国ごとのパワーバランスも変化するでしょう。少なくとも、西欧型近代化による豊かな世界、人間の欲望に任せた自由な世界は行き詰まることになると考えられます。

　国境を越えて人が動く時代には、国民という枠を越えて人間が生きていく国際的なルールを作り直さなければなりません。たとえ国際的経済機構であろうとも、まず何を目的に、どのように政策を策定しているのかをわれわれは知り、それに関連付けて、日本はどうすべきかを考えるべきでしょう。2020年にはセンター入試を廃止し、コンピュータを利用する記述式の大学入試に改革しようと文科省は計画しましたが、実現しませんでした。英語では、業者テストの導

入が予定されていましたが、不公平だという声にかき消されて実施
できませんでした。世界の流れは、この面でも多くの日本人には理
解されていません。一人ひとりは違う能力を持っていることを認め、
個性が存分に発揮されて達成感を持つことができる社会と教育を目
指して、伝統的な教育をできるだけ早く変えていきたいと思います。

索　引

【欧字】

equality	7
equity	7
ICT	13
IT	42
OECD	ii, 3, 6-8, 12, 13, 15, 23-25, 30, 32, 35, 41, 42, 48, 49, 51
PISA2006	2-253, 31, 32, 35, 36, 39, 44, 46, 49
PISA2012	50
PISA2015	9, 10, 17, 25, 28, 33, 35, 36, 42, 44, 46, 49, 50
PISA2018	ii, 3, 4, 7, 9, 13, 15, 17, 49

【ア行】

ウェルビーイング	ii, 55
エストニア	4, 7, 13, 14, 30, 35, 36, 42, 44, 51

【カ行】

活動的な学習	44
教科横断的	50, 51
観察	24, 27
学習	iii, 3, 7, 9, 10, 23, 26, 27, 33, 35, 36, 39, 42-44, 46, 48, 55
学修	13, 24
学習到達度	3, 49, 50
学校間格差	6-8
関心	ii, 24, 33, 46
興味	24, 35, 36, 46
公正	7
幸福感	26, 28, 55
幸福度	ii, 9, 10, 26

【サ行】

自己効力感	26, 28, 33, 34, 55

実験	24, 26, 27, 43-46
熟考（リフレクション）	4, 46
自律	iii, 9, 27, 49, 55
人生意義指数	15, 19
人生における意義	15, 16
人生の意義	17-21
人生への意義	15, 17, 42
人生満足度	15, 17, 19
生活満足度	9-12, 28-31
成績	7, 9-11, 23, 25, 31, 41-43, 51
成長マインドセット	13, 14
世界幸福度報告	ii, 9

【タ行】

探究	9, 43, 51, 55
ドゥエック	14
読解力	3, 4, 6, 7, 10, 11, 30, 49, 50
中国	12, 35, 39, 42, 46, 48

【ハ行】

波多野誼余夫	26, 27
ピザ（PISA）	ii, iii, 3, 6, 7, 13, 19, 25, 42, 43, 48-51
フィンランド	4, 6, 7, 9-12, 23, 30, 31, 33, 35, 36, 43, 44, 48, 49, 51, 55

【マ行】

マインドセット	7, 13, 14, 36
満足感	28

【ラ行】

理系離れ	36, 39, 42
リテラシー	ii, iii, 3, 4, 25, 30, 35, 42, 43, 49-51

著者紹介

福田　誠治（ふくた　せいじ）

1950年岐阜県生まれ。
1979年より42年間都留文科大学に勤務。
前都留文科大学学長
著書として、『こうすれば日本も学力世界一─フィンランドから本物の教育を考える』
朝日新聞出版、2011年2月、『フィンランドはもう「学力」の先を行っている』亜紀書房、
2012年10月、『国際バカロレアとこれからの大学入試─知を創造するアクティブ・
ラーニング』亜紀書房、2015年12月、『ネオリベラル教育の思想と構造─書き換え
られた教育の原理』東信堂、2017年12月など。

東信堂ブックレット3

北欧の学校教育と Well-being──PISA（ビザ）が語る子どもたちの幸せ感

2021年7月30日　　　初　版第1刷発行　　　　　　　　　〔検印省略〕
　　　　　　　　　　　　　　　　　　　　　定価は表紙に表示してあります。

著者ⓒ福田誠治／発行者　下田勝司　　　　　　　印刷・製本／中央精版印刷

東京都文京区向丘1-20-6　　郵便振替 00110-6-37828　　　　　発 行 所
〒113-0023　TEL (03) 3818-5521　FAX (03) 3818-5514　　株式会社 東信堂
　　　　　　Published by TOSHINDO PUBLISHING CO., LTD.
　　　1-20-6, Mukougaoka, Bunkyo-ku, Tokyo, 113-0023, Japan
　　　E-mail : tk203444@fsinet.or.jp http://www.toshindo-pub.com

ISBN978-4-7989-1716-0 C1330　ⓒ FUKUTA Seij

東信堂

東信堂ブックレット

① 迫りくる危機『日本型福祉国家』の崩壊
　―北海道辺境の小規模自治体から見る　　　　　　　北島　滋　一〇〇〇円

② 教育学って何だろう
　―受け身を捨てて自律する　　　　　　　　　　　福田誠治　一〇〇〇円

③ 北欧の学校教育と Well-being
　―PISAが語る子どもたちの幸せ感　　　　　　　　福田誠治　一〇〇〇円

④ CEFRって何だ
　―インクルーシブな語学教育　　　　　　　　　　福田誠治　九〇〇円

ネオリベラル期教育の思想と構造
　―書き換えられた教育の原理　　　　　　　　　福田誠治編著　六二〇〇円

世界の外国人学校　　　　　　　　　　　　　末藤美津子編著　三八〇〇円

アメリカ　間違いがまかり通っている時代
　―公立学校の企業型改革への批判と解決法　　　　D・ラヴィッチ著
　　　　　　　　　　　　　　　　　　　　　　　末藤美津子訳　三八〇〇円

教育による社会的正義の実現―アメリカの挑戦
　　　　　　　　　　　　　　　　（1945-1980）　D・ラヴィッチ著
　　　　　　　　　　　　　　　　　　　　　　　末藤美津子訳　五六〇〇円

学校改革抗争の100年―20世紀アメリカ教育史　　　D・ラヴィッチ著
　　　　　　　　　　　　　　　　　　　末藤・宮本・佐藤訳　六四〇〇円

アメリカ教育例外主義の終焉
　―変貌する教育改革政治　　　　　　　　　　青木栄一監訳　三六〇〇円

文部科学省の解剖　　　　　　　　　　　　　青木栄一編著　三二〇〇円

世界のテスト・ガバナンス
　―日本の学力テストの行く末を探る　　　　　北野秋男編著　三二〇〇円

現代学力テスト批判
　―実態調査・思想・認識論からのアプローチ　　　　北野　秋男
　　　　　　　　　　　　　　　　　　　　　　小笠原喜康　二七〇〇円
　　　　　　　　　　　　　　　　　　　　　　下司　　晶

ポストドクター―若手研究者養成の
　　　　　　　　　現状と課題　　　　　　　北野秋男編著　三六〇〇円

日本のティーチング・アシスタント制度
　―大学教育の改善と人的資源の活用　　　　北野秋男編著　二八〇〇円

現代アメリカの教育アセスメント行政の展開
　―マサチューセッツ州（MCASテスト）を中心に　北野秋男編　四八〇〇円

現代アメリカ貧困地域の市民性教育改革
　―教室・学校・地域の連関の創造　　　　　　古田雄一　四二〇〇円

〒113-0023　東京都文京区向丘 1-20-6　　　　TEL 03-3818-5521　FAX03-3818-5514　振替 00110-6-37828
　　　　　　　　　　　　　　　　　　　　　Email tk203444@fsinet.or.jp　URL:http://www.toshindo-pub.com/

※定価：表示価格（本体）＋税

東信堂

いま、教育と教育学を問い直す
——教育哲学は何を究明し、何を展望するか
森田尚人 編著
松浦良充 編著 三三〇〇円

教育的関係の解釈学
坂越正樹監修 三二〇〇円

教員養成を哲学する——教育哲学に何ができるか
下司晶・古屋恵太 編著
林泰成・山名淳・ 四二〇〇円

大学教育の臨床的研究——臨床的人間形成論第1部
臨床的人間形成論の構築——臨床的人間形成論第2部
田中毎実 二八〇〇円
田中毎実 二八〇〇円

人格形成概念の誕生——近代アメリカの
教育概念史
田中智志 三六〇〇円

社会性概念の構築——アメリカ進歩主義
教育の概念史
田中智志 三八〇〇円

温暖化に挑む海洋教育——呼応的かつ活動的に
田中智志編著 三二〇〇円

教育哲学のデューイ——連環する二つの経験
田中智志編著 三五〇〇円

学びを支える活動へ——存在論の深みから
田中智志編著 二〇〇〇円

グローバルな学びへ——協同と刷新の教育
田中智志編著 二〇〇〇円

大正新教育の思想——生命の躍動
橋本美保 編著 四八〇〇円

大正新教育の受容史
橋本美保編著 三七〇〇円

大正新教育の実践——交響する自由へ
橋本美保 編著 四二〇〇円

空間と時間の教育史——授業時間割からみる
田中智保 編著 三九〇〇円

アメリカの学校建築と
空間と時間の教育史——教育における個性尊重は
何を意味してきたか
宮本健市郎 三九〇〇円

アメリカ進歩主義教授理論の形成過程
宮本健市郎 七〇〇〇円

応答する〈生〉のために——〈力の開発〉から〈生きる歓び〉へ
高橋勝 一八〇〇円

子どもが生きられる空間——生・経験・意味生成
高橋勝 二四〇〇円

流動する生の自己生成——教育人間学の視界
高橋勝 二四〇〇円

子ども・若者の自己形成空間
——教育人間学の視線から
高橋勝編著 二七〇〇円

越境ブックレットシリーズ

⓪教育の理念を象る——教育の知識論序説
田中智志 一二〇〇円

①知識論——情報クラウド時代の"知る"という営み
山田肖子 一〇〇〇円

②女性のエンパワメントと教育の未来
——知識をジェンダーで問い直す
天童睦子 一〇〇〇円

③他人事‖自分事——教育と社会の根本課題を読み解く
菊地栄治 一〇〇〇円

④食と農の知識論——種子から食卓を繋ぐ環世界をめぐって
西川芳昭 一〇〇〇円

〒113-0023　東京都文京区向丘 1-20-6
TEL 03-3818-5521　FAX 03-3818-5514　振替 00110-6-37828
Email tk203444@fsinet.or.jp　URL:http://www.toshindo-pub.com/

※定価：表示価格（本体）＋税